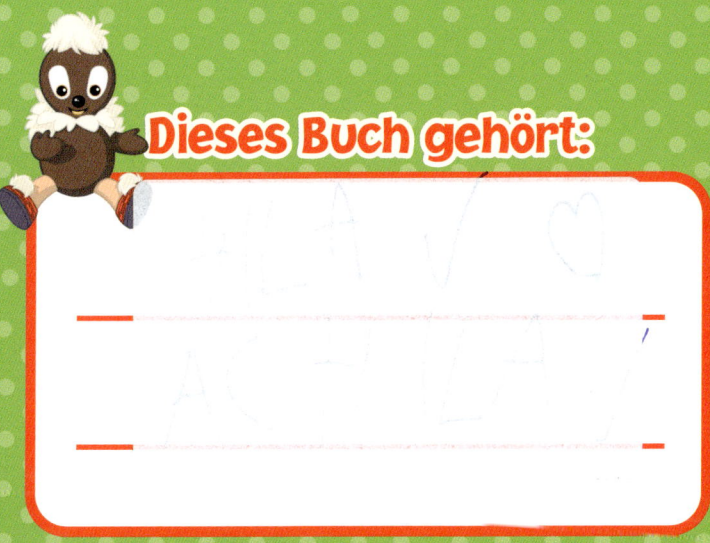

Dieses Buch gehört:

Inhalt

Pittiplatsch als Imker

„Summ, summ, summ, Bienchen summ herum",
klingt es aus dem Garten hinter der Laube. Der
kleine Kobold Pittiplatsch singt fröhlich.
„Nanu, Pitti, bist du unter die Sänger gegangen,
wuff?" Moppi wundert sich. „Und was trägst du
für ein Kostüm? Haben wir schon wieder
Fasching?"
Pitti trägt einen großen Hut auf dem Kopf. Sein
Gesicht ist hinter einem dichten Netz verborgen.
„Aber Pitti, wie siehst du denn aus?"

Schnattchen muss lachen.
„Das Netz braucht Pitti als
Schutz vor einem
Bienenstich", erklärt der
Kobold. „Sonst kann es sein,
dass Pitti gestochen wird,
kannste glauben!"
„Was du nicht sagst!", ruft
Schnatterinchen erstaunt. Sie
glaubt, dass Pitti mal wieder übertreibt.
Auch Moppi wundert sich: „Wieso
Bienenstich, wuff?

Seit wann muss man sich vor Kuchen
verstecken? Noch dazu vor so tollem Kuchen?
Ist dein Bienenstich mit Pudding gefüllt?"
Moppi schnüffelt um Pitti herum. Hmm,
Bienenstich! Ihm läuft das Wasser in der
Schnauze zusammen.
Nun muss Pitti lachen. „Moppi, Moppi! Immer
denkst du ans Essen. Typisch. Aber, so verkehrt
ist das gar nicht. Schaut mal, ihr beiden!" Pitti
dreht sich um zur Blumenwiese.
Dort steht eine Bank mit zwei Kästchen. „Jetzt
zeigt Pitti euch, wie man Honig erntet."
Nun sind Schnatterinchen und Moppi neugierig.

Sie lieben Honig. Aber wie der ins Glas kommt, wissen sie nicht. „Pitti, nak, nak, sind das etwa Bienenstöcke?" Schnatterinchen ist verwundert.

„Wuff! Mit echten Bienen darin?", fragt Moppi ungläubig.

„So ist es, hoho. Und was machen die Bienen im Bienenstock?"

„Honig!", rufen Schnattchen und Moppi gleichzeitig. Und sie sehen Pittiplatsch dabei zu, wie er aus einem Bienenstock eine flache Platte zieht. Darin befinden sich die Bienenwaben. Hier haben die Bienen ihren Honig eingelagert. Die Waben legt er in eine Honigschleuder. Dort wird das Bienenwachs vom Honig getrennt. Über ein Sieb läuft es dann direkt in einen Eimer.

„Oi, ihr Bienchen, ihr wart aber fleißig!" Der kleine Kobold lobt seine Bienen.

Diese summen fröhlich herum.

„So viele Blüten habt ihr besucht und dabei
Nektar gesammelt! Du, Schnattchen, weißt du,
dass Bienen wichtige Helfer in deinem Garten
sind? Nur aus den Blüten, die die Bienen
besuchen, können Früchte werden. All die Äpfel,
Birnen und Beeren im Garten haben wir Pittis
Bienen zu verdanken. Kannste glauben. Ho, ho,
ihr kleinen Brummerchen! Pitti lässt euch gleich
wieder in Ruhe."

Im Eimer hat sich viel Honig angesammelt. Pitti
füllt ihn mit einem Löffel in ein Glas. „Bitte schön!"
Stolz überreicht Pitti das Glas mit dem Honig.
„Als Pittis beste Freunde dürft ihr zuerst kosten."
Moppi und Schnattchen machen vor Staunen
große Augen. Diese Überraschung ist Pitti
gelungen. Schnatterinchen sagt: „Danke, Pitti!
Toll, was du alles über Bienen weißt."
Der Kobold freut sich, dass er seine kluge

Freundin beeindrucken konnte.

Schnatterinchen steckt ihren Schnabel in das
Glas hinein. Sie möchte von dem Honig kosten.
„Lecker, nak, nak!" Doch als sie ihren Schnabel
wieder herauszieht, klebt Honig daran.

„Herrjemine, Jungs, so geht das nicht", nuschelt
Schnatterinchen.

Pitti und Moppi lachen. „Ho, ho, ho, ho, ho, ho!

Zu komisch! Unserer Schnatterente klebt der
Schnabel zusammen!"
Schnatterinchen putzt sich wieder sauber.
Dann hat sie eine tolle Idee. „Hört mal, nak, nak:
Lasst uns doch heute noch ein Picknick machen!
Der frische Honig schmeckt so gut. Ich besorge
Brot und Brötchen. Und du, Moppi, kannst
schnell Borstel einladen. Und auch Mauz und
Hoppel freuen sich bestimmt."
„Platschquatsch, prima Idee, Schnattchen! Pitti
erntet noch schnell den
Honig aus dem anderen
Bienenstock. Dann gibt es
heute Honig satt für alle seine
Freunde!"

Kapitän Pitti auf großer Fahrt

Schon lange wartet Pittiplatsch darauf, sein neues Schlauchboot auszuprobieren. Das hat er zu Weihnachten geschenkt bekommen. Doch leider ist der Winter lang. Der kleine See ist zugefroren und es ist kalt.

„Platschquatsch, eine echte Gemeinheit ist das!" So jammert Pitti nun Tag für Tag seinen Freunden die Ohren voll. Ja, Geduld zu üben ist schwer. Auch für kleine Kobolde.

Pitti stellt es sich so schön vor: Schnattchen, Moppi und er als Kapitän in dem roten Boot. So geht es neuen Abenteuern entgegen. Herrlich!

„Aber Pitti, du magst doch den Winter", erinnert Schnatterinchen ihn. „Wir können Schneemänner bauen, Schlittschuh laufen …"

„Das kennt Pitti alles, das hat er ja schon tausendmal gemacht. Aber das neue Schlauchboot, das kennt er noch nicht!"

Er nörgelt weiter. „Vielleicht lässt es sich ja als Bett benutzen?"

„Wuff! Pitti, was hältst du davon, wenn wir mit dem Boot rodeln gehen? Es würde einen prima Schlitten abgeben, wuff, ganz bestimmt!" Moppi ist schon ganz aufgeregt.

„Oi, die Idee gefällt Pitti. Dann machen wir ein Wettrodeln: du auf dem Schlitten und Pitti im Boot und …"

„Jungs, Jungs, nak, nak, nak!" Schnatterinchen
unterbricht sie. „Jetzt überlegt doch mal! Wenn
ihr mit dem Boot über einen Stein schlittert, was
wird dann wohl passieren?"

„Mmh … der Stein reißt ein Loch in die Folie,
Platschquatsch!", ruft Pitti.

„Und dann geht die Luft raus und das Boot ist
kaputt, wuff!" Moppi ergänzt den Satz kleinlaut.

„Ach du meine Nase, Schnattchen! Dann würde
Pitti ja untergehen, wenn er das erste Mal in See
stechen will."

„Genau, kentern würdest du! Und darum bleibt
das Boot hier drinnen, nak, nak."

„Typisch, Schnatterente, wuff!" Jetzt hat auch
Moppi schlechte Laune. „Aber sie hat ja recht.
Müssen wir uns eben noch gedulden."

Doch irgendwann ist auch der längste Winter
vorbei. Die warmen Strahlen der Sonne haben
die Natur zum Leben erweckt. Alles grünt und
blüht. Der See glitzert. Nun ist es so weit: Die
drei Freunde haben das Boot auf einen
Handwagen geladen. Mit vereinten Kräften
ziehen sie es damit an den See.

Schnell lassen sie es ins Wasser gleiten. Vorher befestigen sie das Boot mit einem Tau am Steg. Es soll ja nicht wegschwimmen!

Dann steigen Pitti, Moppi und Schnatterinchen ein. Gar nicht so einfach. Das Schlauchboot schaukelt auf dem Wasser hin und her.

Doch schließlich sind alle drei Seefahrer sicher
an Bord. Kapitän Pitti ruft: „Leinen los! Volle Kraft
voraus!" Und mit lautem „Platsch! Platsch!
Platsch!" schlagen die drei Paddel ins Wasser.
„Hey, Matrosen, irgendetwas stimmt hier nicht."

Pitti ist unzufrieden. „Wir drehen uns nur im Kreis und sind noch kein Stück vorangekommen. Ach du meine Nase, ist das Boot etwa kaputt?"
„Wuff, na du bist mir ein schöner Kapitän! Pitti, du musst doch darauf achten, dass immer abwechselnd gepaddelt wird. Links, rechts, links, rechts. Wenn alle nur auf einer Seite paddeln, dreht sich das Boot im Kreis herum, wuff."

„Aha … Siehste, Moppi, und weil Pitti ein kluger
Kapitän ist, ernennt er dich zum Steuermann.
Pitti sagt, wo es langgeht. Du hältst uns auf Kurs."
„Wuff … äh, ich meine: Aye, aye, Käpten! Und
wohin soll die Reise gehen?"
„Na, mindestens bis nach Amerika. Oder sogar
nach Australien, hoho. Ja, Moppi, irgendwann
fährt Pitti auf einem großen Dampfer über den
Ozean, kannste glauben. Aber für heute reicht
Pitti eine Runde auf dem Waldsee."
Und damit sind alle einverstanden.

Häuptling Pittischlau

„Ich bin der Häuptling Pittischlau und mache heute laut Radau." Pittiplatsch singt und schwingt dabei seine kleine Axt, dass einem angst und bange werden kann. Schnatterinchen findet das nicht lustig. „Pitti, was ist denn in dich gefahren? Moppi und ich wollten gerade Mittagsschlaf machen. Und du machst Lärm,

nak, nak, nak!" Pitti hat eine Erklärung für sein
Benehmen. „Gelbe Feder, lausche, was ich dir
zu sagen habe. Unser Tipi ist von Mücken
umzingelt. Häuptling Pittischlau wird sie vertreiben."
„Pitti ...", setzt Schnattchen an, doch der Kobold

verbessert streng: „Häuptling Pittischlau!"

„Also gut: Häuptling Pittischlau, wie sollen denn die Mücken verstehen, dass du gegen sie kämpfen willst?"

„Na, indem ich einen Kriegstanz aufführe. Dann zünde ich das Lagerfeuer an. Du wirst schon sehen: Die Mücken werden sich auf und davon machen. Mit Häuptling Pittischlau wollen sie es bestimmt nicht aufnehmen."

„Pitti, ähm ... Häuptling Pittischlau, warum nimmst du denn nicht das Mückenspray, das wir im Zelt …" – „Du meinst im Tipi", verbessert Häuptling Pittischlau. – „… na von mir aus: im Tipi haben?"

Pitti ist von diesem Vorschlag gar nicht begeistert: „Ein richtiger Indianer kämpft doch nicht mit Mückenspray gegen seine Feinde! Häuptling Pittischlau wird die Mücken besiegen. Starker Bär wird ihm dabei helfen, kannste glauben!"

In diesem Moment tritt Starker Bär aus dem Tipi.
Auch ihn hat Häuptling Pittischlaus lauter
Gesang aufgeweckt.

Gleich muss ihm Gelbe Feder das Neueste
berichten. „Moppi, ich meine Starker Bär, weißt
du schon, dass Häuptling Pittischlau das
Kriegsbeil ausgegraben hat?"
„Nein. Sind etwa Feinde in Sicht? Ich dachte, wir
sind allein auf unserer Wiese, wuff."

„Stell dir vor, unser Häuptling will die Mücken besiegen!"

„Ach so? Eine gute Idee! Die Mücken haben mich beim Schlafen gestört."

„Siehst du, Gelbe Feder, Starker Bär ist nämlich

sehr mutig. Der hat vor niemandem Angst", freut
sich Häuptling Pittischlau.
In diesem Moment sticht Moppi etwas von hinten
ins Fell. Er heult laut auf: „Auuuu, ich bin gestochen worden!"
Gelbe Feder wundert sich: „Starker Bär, was ist
denn mit dir los? Ich dachte, Indianer kennen
keinen Schmerz?"
„Die feindlichen Krieger sind in der Überzahl.

Das ist ungerecht! Da nehme ich doch lieber das Spray. Das wirkt!", antwortet Starker Bär.

So muss Häuptling Pittischlau ganz allein gegen die Feinde kämpfen. Aber aufgeben wird er nicht! Ein richtiger Indianer lässt sich doch von ein paar Mücken nicht verjagen.

Er rennt über die Wiese und stimmt dabei sein lautes Kriegsgeheul an: „Ich bin der Häuptling Pittischlau und mache heute laut Radau!"

Schnattchen ist die Größte

Schnatterinchen spielt Mama und Kind mit ihrer
Puppe Pauline. Pauline liegt im Puppenwagen
und Schnattchen fährt sie spazieren. Denn
Paulinchen soll ihren Mittagsschlaf halten.
„Schlaf, Kindchen, schlaf", singt Schnattchen.

„Dein Vater hüt' die Schaf. Deine Mutter
schüttelt's Bäumelein …" – Und da ist Pauline
auch schon eingeschlafen. Was für ein liebes,
artiges Mädchen!, denkt Schnattchen.
„Schlaf, Pitti, schlaf!", ertönt plötzlich Moppis
laute Stimme. Der Hund zieht einen kleinen
Wagen hinter sich her. Darin sitzt Pittiplatsch.

„Was macht ihr denn da?“, will Schnattchen
wissen.

„Wir spielen auch Mama und Kind“, entgegnet
Moppi. „Ich bin Mama Moppi …“

„Ja, und ich bin das Kind Pittiplatsch, der Liebe“,
ergänzt Pitti.

„Ja! Und das liebe Kindchen muss jetzt
schlafen“, erklärt Moppi. Er beginnt erneut
lautstark zu singen: „Schlaf, Pitti, schlaf!“

Schnattchen muss sich die Ohren zuhalten. „So
schläft Pitti doch nie ein!", sagt sie. „Und Pauline

weckst du damit auch auf, nak, nak!"

„Willst du etwa sagen, dass ich keine gute
Puppenmama bin?" Moppi ist beleidigt. Dabei
meint Schnattchen das gar nicht so. Sie findet
nur, dass Moppi leiser singen müsste.
„Platschquatsch! Pitti will ja gar nicht schlafen",
ruft der kleine Kobold. Er hüpft aus dem Wagen.
„Was soll denn das, wuff", bellt Moppi so laut,
dass Schnattchen sich wieder die Ohren
zuhalten muss.

„Du kannst doch nicht aus deinem Kinderwagen fliehen, Pitti!" Aber Pitti hat keine Lust mehr.
Er will etwas anderes machen.
„Pitti will Fußball spielen."
„Hm, ja, Fußball spielen …" Moppi überlegt.
„Das ist eine gute Idee." Und schon läuft er zu seiner Hütte und holt den Fußball.
Zwei Äste in den Boden gesteckt – das ist das Tor! Moppi ist Torwart und Pitti schießt Elfmeter.
Doch Moppi hält alle Bälle. Er ist heute in Superform! Ja, vielleicht ist er keine gute Puppenmama, aber als Torwart ist er unschlagbar!
Schnattchen sieht den beiden ein Weile zu. Dann fragt sie: „Darf ich auch mal schießen?"
„Hohohohohohohohoho!", lacht Pitti. „Elfmeter schießen? Das ist nichts für Mädchen!"
Doch Moppi sagt: „Meinetwegen. An mir kommst du sowieso nicht vorbei, wuff!"
Schnattchen nimmt Anlauf. Peng! Unhaltbar

knallt sie den Ball ins rechte Eck. Da machen
die beiden Jungs aber Augen!
Elfmeterschießen und Puppenkinder zum
Schlafen bringen – Schnattchen kann beides.
Sie ist wirklich die Größte!
„Hoch lebe Schnattchen!", rufen Pitti und Moppi.
So, wie echte Fußballfans.
Diesmal scheint ihr der Gesang zu gefallen.
Sie lächelt zufrieden und hält sich nicht die
Ohren zu.